LE RÊVE DU MARI,

OU

LE MANTEAU.

On trouve chez le même libraire :

OEUVRES DE F.-G.-J.-STANISLAS ANDRIEUX, de l'Académie française, composées de ses comédies, contes et anecdotes en vers, poésies fugitives, et mélanges de littérature et de morale en prose; 4 vol. in-8, ornés du portrait de l'auteur, de gravures et de vignettes, d'après *Desenne*; br. 26 fr.

— Les mêmes, papier vélin, figures avant la lettre. 40 fr.

N. B. La gravure pour *le Souper d'Auteuil* offre les portraits de Molière, La Fontaine, Boileau, Chapelle, Mignard et Lully; celle qui est en tête de *la Comédienne*, celui de Mlle Mars; celle pour *le Trésor*, celui de Mlle Adèle Dupuis et celui de M. Baptiste aîné. Les contes sont ornés de cinq vignettes en bois, par Thompson.

On vend séparément le 4e vol. *Paris*, 1823, contenant deux comédies inédites, diverses notices, et des mélanges en prose et en vers, servant à compléter la première édition en trois vol., br. 6 fr.

— Le même, papier vélin, br. 12 fr.

OEUVRES DE F.-G.-J.-STANISLAS ANDRIEUX, composées de ses comédies, contes et anecdotes en vers, poésies fugitives et mélanges de littérature et de morale en prose; nouvelle édition, imprimée par M. *Firmin Didot*, aussi complète que la précédente. 6 vol. in-18, ornés du portrait de l'auteur; br. 15 fr.

— Les mêmes, sur papier vélin superfin, br. 25 fr.

PARIS, IMPRIMERIE DE DECOURCHANT
RUE D'ERFURTH, N. 1, PRÈS L'ABBAYE.

LE RÊVE DU MARI,

OU

LE MANTEAU,

COMÉDIE EN UN ACTE ET EN VERS.

Par F.-G.-J.-S. Andrieux,

DE L'ACADÉMIE FRANÇAISE.

Représentée, le 20 mai 1826, sur le Théâtre-Français, par les Comédiens ordinaires du Roi.

PRIX : 1 FR. 75 C.

PARIS,

CHEZ AIMÉ-ANDRÉ, LIBRAIRE,

QUAI DES AUGUSTINS, No 59.

1826

A

Mademoiselle

Mars.

De mes vers vous offrir l'hommage,

C'est vous faire un mince présent ;

Voyez-le d'un œil complaisant,
Comme on regarde son ouvrage.
Ce léger essai vous doit tout.
Heureux l'auteur, docile et sage,
Qui reçoit, pour son avantage,
Vos avis dictés par le goût,
Et sait en faire un bon usage!
C'est votre talent enchanteur,
Votre grâce aimable et parfaite,
Qui subjugue le spectateur
Et fait le destin du poëte!
Ah! si j'ose me rembarquer
Sur cette mer si dangereuse,
Je ne pars point sans invoquer
Votre assistance généreuse;
O Thalie! ô vous que ma voix
Implorait avant le voyage,
Vous avez encore une fois

Sauvé ma voile du naufrage;
Guidé par vous, je suis au port,
Et je m'acquitte, avec transport,
Des voeux formés pendant l'orage.

PERSONNAGES.		ACTEURS.
DARLIÈRE.	M.	MICHELOT.
MATHILDE, sa femme.	Mlles	ROSE DUPUIS.
ÉMILIE, sa cousine.		MARS.
LA BARONNE, sœur de Mathilde.		DEMERSON.
GILLOT, concierge.	M.	ARMAND-DAILLY.

La scène est en Poitou, dans un château, à la campagne.

LE RÊVE DU MARI,

OU

LE MANTEAU.

(Le théâtre représente un salon de campagne bien meublé, mais simplement; il y a un secrétaire, une table, une causeuse, un métier à broder, quelques livres épars.)

SCÈNE PREMIÈRE.

MATHILDE seule, assise devant un secrétaire ouvert, sur lequel il y a plusieurs lettres.

TANDIS que ma cousine, après le déjeûner,
Est allée un instant au parc se promener,
A mon mari je puis prendre le temps d'écrire.
Ses lettres, que souvent je me plais à relire,
M'aident de son absence à supporter l'ennui.
Je crois m'entretenir un moment avec lui.
Oh! quand donc finiront ces courses, ces voyages
Qui me font endurer de si fréquens veuvages?...
Je crains tout; un malheur est sitôt arrivé!...
Et si jusqu'à présent le ciel l'en a sauvé,
Qui peut me garantir que dans ce moment même?.......

On ne devrait jamais se quitter quand on s'aime.
Mon cœur impatient aspire à son retour!...

(Elle prend une lettre.)

Il n'en peut pas, dit-il, encor fixer le jour.

(Elle lit.)

« De Poitiers, le vingt-trois. Si j'en crois les notaires,
» Nous pourrons voir bientôt la fin de nos affaires;
» Nos partages signés, je repars à l'instant. »
— Voilà plus d'un grand mois que Darlière est absent.

(Elle continue de lire.)

« L'hiver approche; et moi, qui veux toujours te plaire,
» J'ai formé le projet de vivre solitaire,
» De voir très-peu de monde; en cela, comme en tout,
» Mon seul désir, ma chère, est de suivre ton goût. »
— L'hypocrite!... Vraiment, si je le laissais dire,
Je croirais que c'est moi qui veux ce qu'il désire;
Mais que j'ose un moment combattre son avis,
Il parle en maître alors... comme tous les maris.
Comment faire?... il faut bien obéir, se soumettre.
— « Nous vivrons très-heureux, j'ose te le promettre;
» Nous saurons nous suffire... Et ne penses-tu pas
» A nous débarrasser de ma cousine? » — Hélas!
Moi je l'aime beaucoup, cette chère Émilie!...
— « Est-elle donc chez nous pour toujours établie?
« A partir tu devrais doucement l'engager;
» Elle a la tête vive et l'esprit très-léger;
» Feu son mari n'eut pas fort à se louer d'elle;
» Elle le gouvernait, il la croyait fidelle!
» Mais... » — Ah! Dieu!... la voici. Cachons vite...

(Elle remet précipitamment les lettres et ferme le secrétaire; Émilie, qui entre, s'aperçoit de ce mouvement.)

SCÈNE II.

MATHILDE, ÉMILIE.

ÉMILIE.

Ah! fort bien !
C'est agir finement, et je n'en verrai rien.
Cousine, tu lisais des lettres de Darlière,
De ton mari?...

MATHILDE.

C'est vrai.

ÉMILIE.

Quelle peur singulière
Te les fait resserrer si précipitamment?
Encore si c'étaient les lettres d'un amant?

MATHILDE.

La supposition!...

ÉMILIE.

N'est point du tout fondée.
Avec toi l'on ne peut avoir pareille idée.
Tu cachais ces papiers... je devine pourquoi;
Je gage que Darlière y dit du mal de moi.

MATHILDE, souriant.

Bon!... tu crois?... tu veux rire!

ÉMILIE.

Il en est bien capable...
Nous désirons pourtant de revoir le coupable.

MATHILDE.

J'espérais de sa part une lettre aujourd'hui.

ÉMILIE.

Peut-être qu'il revient, et je crains qu'avec lui
Ne reviennent pour toi la gêne et la contrainte.

MATHILDE.

Quelle idée !... et qui peut t'inspirer cette crainte?

ÉMILIE.

C'est que j'ai de bons yeux... Oui, j'oserais jurer
Qu'il va dans ce château tristement t'enterrer,
T'y tenir loin du monde... Est-il vrai ?... je devine...

MATHILDE.

Tu pourrais deviner trop juste, ma cousine.
S'il faut qu'il soit jaloux, combien il souffrira !

ÉMILIE.

Il ne l'est pas encor, mais il le deviendra;
Je connais bien Darlière, et depuis sa jeunesse.
De son père j'avais l'honneur d'être la nièce.
Mon cousin, en dépit des leçons qu'il reçut,
Aux erreurs du jeune âge a payé le tribut;
Sa conduite toujours ne fut pas exemplaire;
Or, de ces étourdis un travers ordinaire
Est de penser fort mal du sexe féminin.
De plus, il est assez indiscret, assez vain,
Surtout mari despote et fier de sa puissance.

MATHILDE.

Tu sais, pendant le temps de sa dernière absence,
Que nous vîmes ici le comte de Blanval
Qui demeura trois jours avec nous.

ÉMILIE.

Le grand mal !
Un ancien militaire! un homme respectable!

MATHILDE.

Il avait avec lui son neveu, jeune, aimable,
Qui te faisait la cour, et je le dis tout bas,
Qui peut-être en secret ne te déplaisait pas.

ÉMILIE.

Qu'on me fasse la cour et qu'on cherche à me plaire,
Qu'importe à mon cousin?... c'est, je crois, mon affaire.

MATHILDE.

Leur séjour en ces lieux à Darlière a déplu;
Il ne put me cacher, quand il fut revenu,
Son mécontentement...

ÉMILIE.

Voyez! le beau caprice!

MATHILDE.

De monsieur de Blanval j'attends un bon office;
Le baron, mon beau-frère, espère en ce moment
De pouvoir obtenir enfin un régiment;
Blanval en sa faveur agit et sollicite;
Il me tarde beaucoup de voir sa réussite.
Je n'aurai pour Darlière alors plus de secret.

ÉMILIE.

A quoi bon le lui dire?

MATHILDE.

Ah! c'est bien à regret
Que j'eus, à son insu, cette correspondance.

ÉMILIE.

Il en aurait fort mal reçu la confidence;
Il en veut au baron, et ne t'eût point permis,
Pour lui faire plaisir, d'employer tes amis.

MATHILDE.

Mon beau-frère a des torts.

ÉMILIE.

Il n'est que trop d'usage
Que dans une famille, au moment d'un partage,
S'élèvent tout-à-coup de fâcheux démêlés,
Et que par l'intérêt des parens soient brouillés.
C'est ce qui vous arrive; et depuis qu'une tante
Vous laissa, par sa mort, dix mille écus de rente
Entre ta sœur et toi, voilà que vos époux,
De la succession plus occupés que vous,
Se plaignent l'un de l'autre, et se cherchant querelle,
Font naître à chaque pas difficulté nouvelle.
Je crains bien qu'à la fin ne pouvant s'accorder,
Ils n'en viennent ensemble à vous faire plaider.

MATHILDE.

Plaider contre ma sœur!... cela serait horrible!

ÉMILIE.

Ils veulent vous brouiller; ils y font leur possible.

MATHILDE.

Eh bien! je ne verrai personne, s'il le faut.
A ce prix... Mais que veut le concierge Gillot?

ÉMILIE.

Il a l'air effaré!

SCÈNE III.

LES MÊMES, GILLOT.

GILLOT à Mathilde.

J'accours ici bien vite;
C'est pour vous annoncer, madame, une visite.

MATHILDE.

Mais je n'en reçois point; ne vous l'ai-je pas dit?

GILLOT.

C'est que ce monsieur-là me fait tourner l'esprit.

ÉMILIE.

Ah! ah! c'est un monsieur?..

GILLOT.

Oui, qui même a la mine
De quelqu'aventurier, à ce que j'imagine.
Par la petite porte il est d'abord entré.
Il traversait le bois, où je l'ai rencontré;
Selon votre ordre alors, j'ai voulu l'éconduire:
«Monsieur, on n'entre pas...» Bon, il m'a laissé dire.
« Darlière est-il ici? m'a-t-il demandé. — Non,
» Monsieur, il est absent. — Il est absent? c'est bon. »
Sans ajouter un mot, il a mis pied à terre
En sautant lestement; puis, d'un air de mystère,
Après avoir donné son cheval à tenir
Au valet qui le suit, il s'est mis à venir
Du côté du château... De peur qu'on ne me blâme,
J'ai pris ma course alors pour avertir madame.
Je ne suis point en faute, et j'ai fait mon devoir.

MATHILDE.

C'est assez singulier; je ne veux pas le voir.
Quel est ce monsieur-là?

ÉMILIE.

Mais, c'est Blanval peut-être?

MATHILDE, en souriant à Émilie.

Peut-être son neveu!

(A Gillot.)

Vous n'avez pu connaître?.....

GILLOT.

Moi? non; de se cacher il semblait occupé.
D'un grand manteau fort ample il est enveloppé;
Il n'a jamais voulu dire comme il se nomme;
Mais je crois cependant que c'est un beau jeune homme;
Je n'en répondrais pas; car après tout, tenez,
Je n'ai vu, là, bien vu, que le bout de son nez.

MATHILDE.

Je ne le verrai pas; j'y suis très-décidée.

GILLOT.

Quelle excuse donner?

MATHILDE.

Je suis incommodée...
Je suis malade... au lit...

ÉMILIE.

Si c'est un médecin?

MATHILDE.

Ne plaisante donc pas.

(A Gillot.)

Qu'avez-vous à la main?
Qu'est-ce que ce papier?

GILLOT.

Ceci, c'est autre chose;
Une lettre que vient de me donner Larose
De chez monsieur le comte.

MATHILDE, décachetant et jetant les yeux sur la lettre.

Ah! ah! c'est de Blanval!
Ce qu'il m'apprend me cause un plaisir sans égal.

ÉMILIE.

Il a donc réussi?

SCÈNE IV.

LES MÊMES, LA BARONNE, enveloppée d'un grand et large manteau.

LA BARONNE.

J'arrive à la sourdine.

(A Mathilde.)

Bonjour, ma chère enfant.

(A Émilie.)

Bonjour, belle cousine.

(Elle les embrasse toutes les deux.)

GILLOT, à part.

Sa chère enfant!...

MATHILDE.

C'est toi! tant mieux!

ÉMILIE.

Par quel bonheur?..

LA BARONNE.

Gillot me refusait la porte avec rigueur.

MATHILDE.

Il avait tort, vraiment.

(La Baronne jette son manteau sur un meuble.)

GILLOT.

Je fais ce qu'on m'ordonne,

Et si monsieur... Eh! c'est madame la Baronne!

MATHILDE.

Oui, sans doute, Gillot, c'est ma sœur.

GILLOT.

Je le vois.
Je trouvais quelque chose aussi... là... dans la voix.....

MATHILDE.

Laissez-nous.

ÉMILIE.

Souviens-toi, si l'on te questionne,
De répondre tout net qu'il n'est venu personne.

GILLOT.

C'est entendu... Vraiment! moi je n'en reviens pas
De m'être ainsi trompé !... je retourne là-bas.

LA BARONNE.

Va-t'en, et désormais, sans craindre qu'on te blâme,
Tu me feras entrer.

GILLOT.

Oui, monsieur.
(Se reprenant.)
Oui, madame.
(Il sort.)

SCÈNE V.

MATHILDE, LA BARONNE, ÉMILIE.

MATHILDE.

Tu viens fort à propos.

LA BARONNE.

Quel plaisir de te voir!

MATHILDE.

Voici ce que pour toi je viens de recevoir.
(Elle prend dans son secrétaire la lettre de Blanval, et la lui donne.)

LA BARONNE, lisant la lettre qu'elle met ensuite dans sa poche.

Mon mari colonel !... ah ! que je suis contente !
C'est à toi que je dois ce succès qui m'enchante !
Que je t'embrasse encor, pour t'en remercier.

MATHILDE.

Nos maris devraient bien se réconcilier,
Terminer des débats dont l'amitié s'offense.

LA BARONNE.

Nous permettre de vivre en bonne intelligence,
D'être souvent ensemble...

MATHILDE.

Il me reste un espoir;
C'est qu'ils sont à Poitiers obligés de se voir.

ÉMILIE.

Qui sait s'il ne vont pas s'y brouiller davantage?

MATHILDE.

Ah! tu me fais trembler.

LA BARONNE.

Maudit soit le partage!
Nous avions bien besoin d'une succession
Qui vient mettre chez nous de la division.

MATHILDE.

Le baron est pour moi d'un flegme qui me glace.

LA BARONNE.

Et Darlière me fait la plus triste grimace!
Je le savais absent; et bien vite, au galop,
En une heure et demie, au moins ce n'est pas trop
Pour venir de chez moi, j'accours et je t'embrasse.

MATHILDE.

Tu me fais grand plaisir, ma sœur. Je t'en rends grâce.

Mais je veux te gronder : tu cours en vrai dragon ;
Seule par les chemins, t'exposant...

LA BARONNE.

Seule? non.
Mon vieux valet me suit, mon fidèle Lapierre.
Et puis je ne crains rien ; n'ai-je pas fait la guerre?
J'ai suivi le baron plus de vingt fois au feu,
Aux avant-postes, vrai; ce n'était pas un jeu;
Je n'avais pour moi-même aucune inquiétude;
De l'habit cavalier j'ai gardé l'habitude.

MATHILDE.

Il te sied à ravir.

LA BARONNE.

Oh! point de compliment.
Mais il sert, je l'avoue, à mon amusement.
J'aime la liberté qu'il me donne et m'inspire;
Et sous cet habit-là j'ose parler et rire.
Tel mot que je hasarde et que l'on applaudit,
On désapprouverait qu'une femme l'eût dit.
On voit un habit d'homme, et l'apparence abuse.
Moi, je pense jouer un rôle qui m'amuse;
Et bientôt je reprends, lorsque je l'ai quitté,
L'air humble de mon sexe et sa timidité.

ÉMILIE.

On vous trouve toujours également piquante,
Tantôt homme d'esprit, tantôt femme charmante.

LA BARONNE.

Oh! ça, mais, songez-vous que le temps du plaisir,
Le mois de la vendange, avant peu doit venir?
De ce bon pays-ci vous connaissez l'usage;
De châteaux en châteaux, dans tout le voisinage,

A de nombreux amis nous nous réunirons;
Là, pour nous divertir, chaque jour nous aurons
La vendange, le bal, la chasse, la musique.
Je fais les amoureux dans l'opéra-comique.
(A Mathilde.)
Tu seras, pour le chant, notre premier sujet.

MATHILDE.

Qui? moi?

LA BARONNE.

Je serai Blaise, et tu seras Babet.

ÉMILIE.

Moi qui chante fort peu, je retiens les soubrettes.

LA BARONNE.

Oh! vous, vous choisirez; les rôles que vous faites
Sont toujours les meilleurs, grâce à votre talent.

ÉMILIE.

C'est l'habit qui vous fait prendre un ton si galant.

MATHILDE.

A ces réunions, à ces fêtes, ma chère,
Je crois que cette année on ne me verra guère.

LA BARONNE.

Pourquoi donc?

MATHILDE.

Mon mari m'écrivait ces jours-ci
Qu'il compte désormais rester beaucoup chez lui,
Ne voir personne...

LA BARONNE.

Bon! par quelle fantaisie?
Ferait-il par hasard des plans d'économie?

MATHILDE.

Je ne le pense pas.

LA BARONNE.

Que veut-il donc?... pourquoi?
Je crains de deviner... est-il jaloux?... de toi?

ÉMILIE.

Quelque chose à peu près; elle hésite à le dire.

LA BARONNE.

En ce cas, je le plains; c'est un cruel martyre.
Tu m'as vue autrefois jalouse du baron,
Et je ne l'étais pas, par malheur, sans raison :
Car il m'a fait des tours!... J'en étais en furie!...
Mais ses bonnes façons à la fin m'ont guérie.
Or, si je pouvais voir Darlière, je réponds
Que je lui donnerais d'excellentes leçons.
Je voudrais lui citer ma propre expérience.
Mais comment le prêcher, quand sa seule présence
Me ferait fuir?...

ÉMILIE.

Eh bien! fuyez, car le voici.
Il descend de cheval, et je le vois d'ici.

LA BARONNE.

Darlière?...

MATHILDE.

Mon mari?

ÉMILIE.

Lui-même.

LA BARONNE.

Est-il possible?
Je me sauve au plus vite.

ÉMILIE.

Il est donc bien terrible?

MATHILDE.

Son retour imprévu me cause en ce moment
Une espèce de trouble et de saisissement.
Il s'en apercevrait, s'alarmerait peut-être.

ÉMILIE.

Sois en sûre.

MATHILDE.

A ses yeux avant que de paraître
Je veux me rassurer... Cousine, veux-tu bien
Le recevoir ici?... dans l'instant je revien.

ÉMILIE.

Je m'en charge, allons, soit.

LA BARONNE.

Fuyons, je crois l'entendre.

(Mathilde et la Baronne entrent précipitamment dans la pièce voisine; la Baronne oublie le manteau qu'elle a jeté sur un meuble en entrant.)

SCÈNE VI.

ÉMILIE, seule.

Ah! messieurs les maris, vous devez vous attendre,
Si vous nous faites peur, si vous êtes jaloux,
A trouver cet accueil quand vous rentrez chez vous!
C'est votre faute aussi; que n'êtes-vous aimables?

SCÈNE VII.

ÉMILIE, DARLIÈRE, GILLOT.

DARLIÈRE, entre en parlant à Gillot.

Oui, morbleu! les chemins sont affreux, détestables!

Et puis j'ai rencontré monsieur du Grand-Genêt,
Des benêts de maris, je crois, le plus benêt;
Il m'a vanté, prôné la vertu de sa femme,
Qui...Le pauvre homme! Allons, c'est une bien bonne âme!
En mon absence, ici, Gillot, a-t-on reçu
Quelque étranger ?...

GILLOT.

Aucun, monsieur.

ÉMILIE, à part.

Bien répondu.

DARLIÈRE.

Que vient donc de me dire à l'instant Madeleine,
Qu'on avait vu passer au galop dans la plaine
Deux cavaliers ?...

GILLOT.

Je n'ai point vu d'homme venir.

DARLIÈRE.

Qu'on me porte chez moi de quoi me rafraîchir.

(Gillot sort.)

SCÈNE VIII.

DARLIÈRE, ÉMILIE.

ÉMILIE, à Darlière.

Mon cher cousin !

DARLIÈRE.

Bonjour. Je vous croyais partie.

ÉMILIE.

Votre femme eût été seule et sans compagnie;
Pouvais-je la quitter ? Vous me faites, vraiment,
En arrivant, mon cher, un joli compliment !

DARLIÈRE.

Ah ! je n'y pensais pas; j'ai très-grand tort; les dames

Veulent des complimens et font des épigrammes,
Cousine, n'est-ce pas?

ÉMILIE.

Soyez sûr, mon ami,
Que ce n'est pas pour vous que je demeure ici;
Mais j'aime votre femme, et je reste auprès d'elle.

DARLIÈRE.

Il ne tiendrait qu'à moi d'avoir une querelle.
Laissons cela. Que fait Mathilde, s'il vous plaît?
Je m'en vais la chercher.

(Il aperçoit le manteau.)

Eh! mais, qu'est-ce que c'est?
Ce manteau, d'où vient-il?

ÉMILIE, à part.

Fâcheuse étourderie!
Le manteau laissé là!....

DARLIÈRE.

Dites-moi, je vous prie,
Que fait là ce manteau?...

ÉMILIE, à part.

Que lui dire?

DARLIÈRE.

Parlez.
A qui donc peut-il être?...

ÉMILIE, embarrassée.

Eh bien! vous le voulez?

DARLIÈRE, insistant.

Allons....

ÉMILIE, de même.

Il est... il est à vous.

DARLIÈRE.

A moi ?

ÉMILIE.

Sans doute.

DARLIÈRE.

M'apprendrez-vous comment ? et combien il me coûte ?

ÉMILIE.

Il ne vous coûte rien, monsieur; c'est un cadeau.

DARLIÈRE.

Un cadeau ? Qui pourrait me donner ce manteau ?

ÉMILIE.

Vous ne devinez pas ?...

DARLIÈRE.

Point du tout, sur mon âme.

ÉMILIE.

C'est une attention, mon cher, de votre femme.

DARLIÈRE.

De ma femme ?...

ÉMILIE.

Eh bien ! oui; qu'est-il là d'étonnant ?

(A part.)

Ma foi ! je n'ai trouvé rien de mieux pour l'instant.

(Haut.)

Vous connaissez pour vous sa tendresse parfaite ;
Le froid, le chaud, un rien l'alarme, l'inquiète ;
La saison devient rude, et vous allez souvent
Courir dehors, braver et la pluie et le vent ;
Chaque fois qu'à Poitiers vous faites un voyage,
S'il s'élève un zéphyr, elle rêve un orage ;
Or, contre les coups d'air qui pourraient vous frapper,
Voilà pour vous défendre et vous envelopper.
Ce présent n'est qu'un rien ; mais ce rien part de l'âme.

DARLIÈRE.

A ce trait de bonté je reconnais ma femme.

ÉMILIE.

Vous lui faites d'ailleurs des présens quelquefois;
Elle prend sa revanche.

DARLIÈRE.

Oui, c'est ce que je vois.
En mon absence, exprès, elle l'a donc fait faire?

ÉMILIE.

C'est qu'elle voulait mettre à cela du mystère.

DARLIÈRE.

J'entends... une surprise!...

ÉMILIE.

Il aurait mieux valu
Qu'en arrivant d'abord vous ne l'eussiez pas vu.
Un don qu'on n'attend pas paraît plus agréable.

DARLIÈRE.

Soit, mais le procédé n'en est pas moins aimable.

ÉMILIE.

Elle sera fâchée, et n'en conviendra pas
Peut-être...

(A part.)

Nous voilà pourtant dans l'embarras!

DARLIÈRE.

Pourquoi donc?... La voici.

SCÈNE IX.

LES MÊMES, MATHILDE.

DARLIÈRE, allant au-devant de sa femme, et l'embrassant.

Bonjour, bonjour, ma chère.

MATHILDE.

Te voilà donc enfin! et pour long-temps, j'espère?

DARLIÈRE.

Charmé de te revoir. Je reste désormais
Près de toi.

MATHILDE.

Tous mes vœux sont alors satisfaits.
Mais n'es-tu pas un peu fatigué du voyage?
Si tu te reposais?

DARLIÈRE.

Oui; je suis presque en nage,
Et je me sens bien las. Je vais me rafraîchir,
Et puis une heure ou deux chez moi je veux dormir.
Un peu de bon sommeil me serait nécessaire.
A six heures du soir, comme à notre ordinaire,
Nous dînerons.

MATHILDE.

Là-bas, tout va-t-il comme il faut?
Ce partage à Poitiers?...

DARLIÈRE.

Il finira bientôt.
Mais d'abord, trouvez bon, madame, qu'on vous dise
Combien on est flatté de l'aimable surprise
Que vous avez eu soin de m'apprêter ici;
Je vous sais très-bon gré du cadeau que voici.

MATHILDE.

Du cadeau!...

ÉMILIE, à part.

Comment faire?...

MATHILDE.

Eh! mais que signifie?..

ÉMILIE, vivement.

Ne va pas m'en vouloir. C'est moi qui t'ai trahie.

MATHILDE.

Trahie!...

ÉMILIE.

Oui ; le manteau, sur ce meuble étendu,
Aux regards de Darlière a tout-à-coup paru.

DARLIÈRE.

Sans doute, en arrivant il a frappé ma vue.

MATHILDE, à part.

Que dire?...

DARLIÈRE, à Mathilde.

Qu'as-tu donc? tu parais bien émue!

ÉMILIE, à Mathilde.

Allons, il ne faut pas avoir l'air interdit.
Tu ne peux pas nier enfin ce que j'ai dit.

MATHILDE.

Qu'as-tu dit?...

ÉMILIE.

Je me suis trouvée embarrassée ;
De plusieurs questions ton mari m'a pressée;
Et j'ai tout bonnement avoué que c'est toi
Qui de ce manteau-là lui fait présent.

MATHILDE.

Qui? moi?

DARLIÈRE.

C'est qu'il me plaît beaucoup ; la couleur est charmante.

ÉMILIE.

Puisqu'il est de son goût, tu dois être contente.

DARLIÈRE.

Je crois qu'il m'ira bien.

ÉMILIE.

Voulez-vous l'essayer?

DARLIÈRE.

Pas encore. A propos, moi, pour vous égayer,
Je pourrais de Poitiers vous donner des nouvelles.
Je vous en conterais, si je voulais, de belles.
Ah! morbleu! comme on traite à présent les maris!
La province, vraiment, est pire que Paris.
Dans mon séjour là-bas j'ai vu trois aventures
En un mois!... On en a fait des caricatures
Très-comiques, ma foi!... Je vous les montrerai;
Sans compter vingt couplets que je vous chanterai.
Ils ne sont pas trop bons; mais ils vous feront rire!...

EMILIE.

Vous voilà, mon cousin! toujours prompt à médire,
A railler sans pitié des malheurs du prochain!
Savez-vous que ce rire est vraiment inhumain?

DARLIÈRE.

Allez donc en public prêcher votre morale:
Car cette barbarie est assez générale;
On a vers la satire un merveilleux penchant;
Les caquets vont leur train: le monde est si méchant!

ÉMILIE.

Et vous êtes du monde.

DARLIÈRE.

Aussi, moi je projette
De vivre désormais, au sein de la retraite,
En philosophe.

ÉMILIE.

Eh! mais, vous craignez les discours,
Vous allez aux railleurs ouvrir un libre cours:
Il renferme sa femme; il la cache, il la garde;
Voilà ce qu'ils diront.

DARLIÈRE.

Oh ! cela me regarde.

ÉMILIE.

On vous accusera d'être un mari jaloux,
Soupçonneux, inquiet.

DARLIÈRE.

Moi, ma cousine ?

ÉMILIE.

Vous.
Et d'où peut vous venir pareille défiance ?

DARLIÈRE.

C'est que j'ai par malheur un peu d'expérience.

ÉMILIE.

Mathilde, tu l'entends.

MATHILDE.

Darlière, en vérité,
Le mot est offensant; je n'ai pas mérité....

DARLIÈRE.

Quel que soit mon motif, je crois pouvoir m'attendre
Qu'à mes intentions vous voudrez bien vous rendre.

MATHILDE.

Quand vous exigerez, vous serez obéi;
Mais....

ÉMILIE.

Exigerez-vous qu'elle meure d'ennui ?

DARLIÈRE.

Allons, je le vois bien, ce qu'un mari désire,
Sa femme a sur-le-champ l'instinct d'y contredire.
Vous ne me ferez pas changer de volonté.
J'ai vu le temps, madame, où ma société
Vous suffisait, à tout vous semblait préférable.

MATHILDE.

Vous ne me disiez rien alors que d'agréable ;
Vous n'aviez de désirs et de goûts que les miens.

DARLIÈRE.

Ah! nous aurions encor d'aussi doux entretiens.
Mais vous en croyez trop tout ce qu'on vous conseille.

ÉMILIE.

Le trait s'adresse à moi, je le sens à merveille.

DARLIÈRE, à Émilie.

Ah! vous me comprenez?... Je n'en suis pas fâché.
Eh bien! oui, maintenant que le mot est lâché,
Sans vous nous n'aurions point de semblables querelles,
Et les femmes ne font que se gâter entre elles.

ÉMILIE.

Ma foi! mon cher cousin, les hommes font bien pis.
Ils se gâtent tout seuls.

DARLIÈRE.

Je vous donne un avis;
Depuis long-temps par vous ma femme est trop instruite
A me contrarier, à blâmer ma conduite;
Qui ne l'approuve pas, peut retourner chez soi,
Madame.

MATHILDE, à Darlière.

Mon ami, de grâce, calme-toi.

DARLIÈRE.

Je n'y mets point d'humeur.
(A Émilie.)
Serviteur, ma cousine.

(Darlière et sa femme rentrent ensemble.)

ÉMILIE, à Darlière.

Il ne vous manque plus que cette humeur chagrine,
Et que ce ton bourru, pour vous faire haïr.

SCÈNE X.

ÉMILIE, *seule.*

Pauvre femme! elle va sans réplique obéir!
Se laisser subjuguer!... Elle est aussi trop bonne!

SCÈNE XI.

ÉMILIE, LA BARONNE.

LA BARONNE, *entr'ouvrant la porte du cabinet où elle s'est renfermée, et sortant avec précaution.*

Il n'est plus là?

ÉMILIE.

Non, non. Venez, venez, baronne.

LA BARONNE.

Nous ne l'attendions pas; puisqu'il est au château,
Moi, je repars bien vite, et reprends mon manteau.

ÉMILIE.

Non pas. Vous ne pouvez désormais le reprendre.

LA BARONNE.

Et par quelle raison?

ÉMILIE.

C'est qu'il faut vous apprendre...

LA BARONNE.

Quoi donc?

ÉMILIE.

Que ce manteau n'est plus à vous.

LA BARONNE.

Comment?

ÉMILIE.

A Darlière sachez que j'en ai fait présent.

LA BARONNE.

Qui? vous?...

ÉMILIE.

Il a fallu trouver une défaite!..

LA BARONNE.

Pourquoi?

ÉMILIE.

Si brusquement vous aviez fait retraite!

(Mathilde entre.)

Voici Mathilde.

SCÈNE XII.

ÉMILIE, MATHILDE, LA BARONNE.

LA BARONNE, à Émilie.

Eh! mais!... dites à quel propos?

ÉMILIE, à Mathilde.

Eh bien?

MATHILDE.

Il s'est jeté sur un lit de repos.

LA BARONNE.

Sans doute il va dormir.

ÉMILIE.

Tant mieux, grand bien lui fasse.
Qu'il dorme; nous voilà maîtresses de la place.

MATHILDE.

Mais que lui dirons-nous, quand il s'éveillera,
Au sujet du manteau?

ÉMILIE.

Bon! bon! il l'oubliera.

MATHILDE.

Non. Il y pense trop.

ÉMILIE.

Il en rêve peut-être ?

LA BARONNE.

Que s'est-il donc passé ? faites-le-moi connaître.

ÉMILIE.

Tantôt, à son retour, ce manteau qu'il a vu
A fait que, me trouvant surprise, au dépourvu,
Et de peur d'un éclat, ne voulant pas lui dire
Que vous étiez ici...

LA BARONNE.

Je souffrais le martyre,
Et pestais là-dedans.

ÉMILIE.

J'ai fait un conte en l'air :
J'ai dit que ce manteau lui manquait pour l'hiver,
Et que sa femme exprès pour lui l'avait fait faire.

LA BARONNE.

Il l'a cru?

ÉMILIE.

Sûrement.

MATHILDE.

Mais à présent, ma chère,
Comment sortir de là ?

ÉMILIE.

Comment? ne pourrait-on
Supposer?... Pourquoi pas?... oui... le tour sera bon...
Darlière en arrivant ne m'a pas ménagée,
Et je me suis promis que j'en serais vengée ;
Je compte sur vous deux.

LA BARONNE.

Sur moi? j'en suis d'accord.

MATHILDE.

J'aurai peine, vraiment...

ÉMILIE.

Tu feras un effort.
Raisonnons une fois. Trois femmes, ce me semble,
Peuvent tenir conseil, et conspirer ensemble.
Sans vouloir faire ici prévaloir mon avis,
Veux-tu, ne veux-tu pas être libre? choisis.
C'est là la question. Je suis scandalisée
De te voir durement ainsi tyrannisée!
Sous un joug insultant c'est trop long-temps fléchir,
Et par un coup d'état je veux t'en affranchir.
Encor, si tu savais, parfois usant d'adresse,
Arrêter en chemin ses élans de tendresse,
Et, lui dictant alors tes ordres absolus,
Offrir grâce pour grâce, ou refus pour refus;
L'obéissance ainsi te serait moins pesante.
Mais non; toujours soumise et toujours complaisante,
Sans délais, sans débats, ce qu'il veut, tu le veux,
Et tu ne sais jamais que te rendre à ses vœux.
N'est-ce pas? C'est bien là ta conduite, ma chère;
Ta prison deviendra chaque jour plus sévère;
Il veut nous séparer d'abord, tu le sais bien;
Ne le souffre donc pas; je t'offre un sûr moyen,
Si tu veux l'adopter, d'être dame et maîtresse;
Songes-y; ton bonheur, ta fierté, ta sagesse,
L'honneur du sexe enfin doit t'y déterminer.
Baronne, c'est à vous maintenant d'opiner.

LA BARONNE, avec gravité.

La chose est importante, et puisqu'on délibère,
Voici sur ce sujet ce que je considère.
Darlière est inquiet, et des soupçons fâcheux
Le rendent à la fois injuste et malheureux;

Pour le guérir, il doit être utile, je pense,
De lui donner un tort, au moins en apparence,
De l'amener au point de demander pardon,
De lui prouver par là que l'entier abandon
D'un bon mari, tout plein de confiance extrême,
Qui croit à la vertu de sa femme, quand même!..
Est le meilleur parti, le plus sûr, le plus doux.
Je crois que nous pouvons concerter entre nous
Quelque ruse qui serve à guérir sa folie;
C'est pourquoi je me range à l'avis d'Émilie.

ÉMILIE.

Fort bien. Mon projet passe à la majorité.

MATHILDE.

Oh! oui; dans le conseil point de difficulté;
Mais l'exécution....

ÉMILIE.

C'est là ce qui t'arrête?
Va, j'ai réponse à tout; ma ruse est déjà prête.
Écoutez....

LA BARONNE.

Paix; on a remué là-dedans.

MATHILDE.

C'est Darlière, c'est lui.

LA BARONNE.

Nous n'aurons pas le temps
De préparer la scène, et de savoir nos rôles.

ÉMILIE.

N'importe.

(A la Baronne.)

Ce manteau, vite sur vos épaules....
Ne vous éloignez pas.

LA BARONNE, *ayant mis le manteau sur elle.*

Non ; dans ce cabinet,
Pendant votre entretien, j'aurai l'oreille au guet.
L'ennemi vient sur nous ; le voilà qui s'avance!
Emilie, attaquez ; qu'en cas de résistance
Mathilde vous soutienne ; et moi, là, dans mon coin,
Je forme la réserve, et je marche au besoin.

ÉMILIE.

La Baronne, vraiment, a l'esprit militaire.

MATHILDE, *souriant.*

Oui ; voilà ce que c'est que d'avoir fait la guerre!...

LA BARONNE.

Il n'est plus qu'à deux pas... je me sauve sans bruit.

ÉMILIE.

Bon! avant le combat la réserve s'enfuit.

SCÈNE XIII.

ÉMILIE, MATHILDE.

ÉMILIE.

Cousine, assieds-toi là ; prends en main ton ouvrage,
Parais-y travailler.

MATHILDE, *s'asseyant sur la causeuse.*

Le cœur me bat!

ÉMILIE.

Courage!
Il me faudrait un livre.

(*Elle regarde sur le secrétaire, où il y a plusieurs livres.*)

Ah! quel est celui-ci?
Nouvelles de Cervante... excellent!... Me voici

(*Elle s'assied sur la causeuse à côté de Mathilde.*)

Assise auprès de toi, te faisant la lecture...

MATHILDE, bas à Émilie.

Il entre!...

SCÈNE XIV.

ÉMILIE, MATHILDE, DARLIÈRE.

ÉMILIE, lisant.

« *Léonor supportait sans murmure*
» *De son mari jaloux les soupçons insultans.* »

DARLIÈRE.

Me voilà!... Vous lisiez?... J'ai dormi quelque temps,
Et d'un profond sommeil... Quel livre?

ÉMILIE.

Une aventure,
L'histoire d'un certain *jaloux d'Estramadure.*

DARLIÈRE.

De Cervantes... je sais... C'est un bien vieil auteur;
Il avait du talent.... Walter-Scott est meilleur!...

ÉMILIE.

Je crois de son jaloux que l'image est fidèle.

DARLIÈRE.

En Espagne il devait avoir plus d'un modèle.

ÉMILIE.

En France on en pourrait trouver encore assez,
Et j'en connais plus d'un.

DARLIÈRE.

Ah! vous en connaissez?
Oh! çà, montrez-moi donc mon manteau!

ÉMILIE.

Qu'est-ce à dire?

DARLIÈRE.

Je voudrais bien le voir.

ÉMILIE.

Cousin, est-ce pour rire ?

(A Mathilde.)

De quoi parle-t-il donc ?

DARLIÈRE.

Du manteau que j'ai vu
Tantôt, à mon retour, et qui m'a beaucoup plu.

ÉMILIE.

Un manteau, dites-vous ?... Quelle est cette folie ?

DARLIÈRE.

Je vous parle raison, ma cousine Émilie.

ÉMILIE.

Êtes-vous sûr, cousin, d'être bien éveillé ?

DARLIÈRE.

Comment ? parce que j'ai quelque temps sommeillé ?...
Oui ! je rêve peut-être ?...

ÉMILIE.

Eh ! mais, c'est très-possible.
Sans cela, ce discours est incompréhensible.

DARLIÈRE.

J'achève, selon vous, mon rêve !

ÉMILIE, à part, à Mathilde.

L'y voilà.
C'est où je l'attendais.

(A Darlière.)

Je le crois.

DARLIÈRE.

Pour cela,
Il me semble un peu fort que l'on traite de songe...

ÉMILIE.

Comme on ne vous croit pas capable de mensonge,
Il faut bien...

SCÈNE XIV.

DARLIÈRE.

A la fin, vous me feriez damner,
Et je ne saurai plus bientôt qu'imaginer.
Vous ne m'avez pas dit, cousine, ici vous-même
Que ma femme avait eu l'attention extrême
D'acheter un manteau, pour m'en faire présent?

ÉMILIE, riant.

Je vous ai dit cela, moi?... vous êtes plaisant!...
On vous donne un manteau! la folie est complète!
Voyons, réponds, Mathilde, as-tu fait cette emplète?

DARLIÈRE.

Quittez ce ton railleur; car il ne sert à rien;
On cherche des détours, et je le vois fort bien.
Le hasard, malgré vous, me donne connaissance
Qu'il est ici venu quelqu'un dans mon absence.

ÉMILIE.

Mais vous nous prêtez là des desseins fort jolis!

DARLIÈRE à sa femme.

Madame, j'ai des yeux, je vous en avertis.
On est fausse, et l'on trompe avec un air timide.
Répondrez-vous enfin?

MATHILDE, se levant.

Oui, ce ton me décide.
Je n'ai pas songé même à vous faire un cadeau;
Et je n'ai point pour vous acheté de manteau;
Je puis vous l'assurer; c'est la vérité pure.

DARLIÈRE.

Eh bien! soit; mais alors que faut-il que j'augure?

ÉMILIE.

Tout ce qu'il vous plaira.

MATHILDE.

Si j'eusse pu prévoir
Qu'il vous en fallût un, à vous le faire avoir
Je me fusse empressée.

ÉMILIE.

Il faut le satisfaire.
On peut le commander dès demain, et le faire.
Et de quelle couleur, cousin, était celui
Que vous avez cru voir, en rêvant, aujourd'hui?
Il ne coûte pas plus d'en avoir un semblable.
Vous en souvenez-vous?

DARLIÈRE.

Oui, faites bien l'aimable!...
Je ne ne l'ai pas moins vu sur ce meuble placé...
C'était un manteau vert.

ÉMILIE.

Vert tendre? ou vert foncé?

DARLIÈRE.

Allez, vous le savez comme moi, ma cousine;
Et vous, Mathilde, aussi. Je permets qu'on badine;
Mais c'est pousser trop loin ce jeu qui me déplaît,
Et je prétends savoir enfin ce qu'il en est.
Ce manteau, d'où vient-il?... et quel en est le maître?
Qui vous est venu voir?... vous le direz peut-être?

MATHILDE.

Pouvez-vous soupçonner?...

DARLIÈRE.

Enfin, répondez-moi.

MATHILDE, bas à Émilie.

Je n'y puis plus tenir. Que dire?...

ÉMILIE.

Fâche-toi,

Et va-t'en.

DARLIÈRE, à sa femme.

Voulez-vous enfin me laisser croire?...

ÉMILIE.

Allons, il faut subir un interrogatoire.
Votre femme est trop bonne; à sa place, à coup sûr,
Je vous ferais bien voir...

MATHILDE.

En effet, il m'est dur
Par d'injustes soupçons de me voir outragée...
Non... Je ne puis parler, tant je suis affligée!
Je vous laisse...

(Elle sort.)

DARLIÈRE, faisant un mouvement pour l'arrêter.

Un moment.

ÉMILIE, retenant Darlière.

Laissez-la s'en aller,
Et restez avec moi; car je veux vous parler.

SCÈNE XV.

DARLIÈRE, ÉMILIE.

DARLIÈRE.

Allez-vous prendre encor des airs de raillerie?

ÉMILIE.

Vous le mériteriez. Dites-moi, je vous prie,
Vous félicitez-vous, êtes-vous bien content
D'avoir fait une scène à cette pauvre enfant?

DARLIÈRE.

Une scène!.. Tenez, jasez tout à votre aise;

Vous ne me ferez pas croire, ne vous déplaise,
Que ce soit en rêvant que tantôt j'ai vu là..

ÉMILIE.

Eh ! ne le croyez pas ; que m'importe cela ?
(A part.)
Tu le croiras pourtant, et j'en fais mon affaire.
(Haut.)
Réalisez des riens, un rêve, une chimère ;
Tourmentez-vous l'esprit ; défiez-vous de moi ;
J'y consens, et vous plains.

DARLIÈRE.

Vous me plaignez ? de quoi ?

ÉMILIE.

La chose à deviner n'est pas bien difficile ;
De ne pas savoir vivre heureux, sage et tranquille.
J'ai le malheur, cousin, de vous aimer bien fort.
Vous ne le croyez pas, en quoi vous avez tort.
Je vous en ai donné des preuves peu communes ;
Par exemple, jamais de vos bonnes fortunes
Je n'ai dit un seul mot à Mathilde !

DARLIÈRE.

En cela,
Vous avez très-bien fait, et de ces succès-là...

ÉMILIE, ironiquement.

Vous en avez eu tant !

DARLIÈRE.

C'est vrai.

ÉMILIE, à part.

Le fat !
(Haut.)
J'aspire
A vous rendre la paix, et l'amitié m'inspire.

Là.... parlons doucement. Convenez entre nous,
Nous sommes seuls.....

DARLIÈRE.

Eh bien !

ÉMILIE.

Que vous êtes jaloux.

DARLIÈRE.

Moi, jaloux !...

ÉMILIE.

Oui, vraiment, ou sur le point de l'être.
Les symptômes du mal se font assez connaître.
Vous venez d'être absent, et pendant plus d'un jour.
Vous ne devriez faire, au moment du retour,
Quand à vous accueillir Mathilde se dispose,
Que des rêves charmans et tout couleur de rose ;
Point du tout ; votre esprit à tel point est blessé
Qu'il rêve d'un manteau par quelque amant laissé.

DARLIÈRE.

Mais je n'ai point rêvé....

ÉMILIE.

Quelle injustice étrange
Vous vous donnez des torts ; votre femme est un
Un composé charmant de grâce et de bonté !
Elle a plus de candeur encore que de beauté !
D'ailleurs elle vous aime à l'excès....

DARLIÈRE.

Je l'avoue ;
Je connais son mérite, et j'aime qu'on la loue.

ÉMILIE.

Fort bien ; et vous venez l'affliger vivement,
Parce qu'il vous a plu de rêver en dormant !
Là, rappelez-vous bien....

DARLIÈRE.

Eh ! quand je me rappelle,
De plus en plus je sais que la chose est réelle.
Il me semble encor voir ce manteau... là.... jeté...
Sur ce meuble...

ÉMILIE.

Une fois, quand l'esprit s'est monté,
Il n'en peut revenir !... c'est ce qui vous arrive.
L'imagination est chez vous prompte et vive;
Vous dormez fort souvent d'un sommeil agité ;
Mathilde me l'a dit, et c'est la vérité,
N'est-ce pas?... Seriez-vous par hasard somnambule ?

DARLIÈRE.

Ne me donnez donc pas, de grâce, un ridicule...

ÉMILIE.

Franchement, s'il était ici venu quelqu'un,
Vous le nier serait-ce avoir le sens commun?

DARLIÈRE.

Enfin, pour vous complaire, à vos raisons docile,
Il faudrait bonnement m'avouer imbécile !

ÉMILIE.

Sans être un imbécile, on peut rêver, je croi.

DARLIÈRE.

Tenez, encore un coup, vous vous moquez de moi·
Que ne me dites-vous : C'est votre léthargie !

ÉMILIE.

Non; mais je vous dirai : C'est votre jalousie,
Maudite passion, vrai tourment des enfers,
Et qui nous fait rêver souvent les yeux ouverts !
Tantôt en arrivant, une cause légère
Vous a mis contre nous, bien à tort, en colère;

Après ce bel accès, vous étant endormi,
Vous êtes allé faire un rêve... de mari;
C'est tout simple; avouez.....

DARLIÈRE, à part.

Mais quel ton d'assurance!

(A Émilie.)

Dites-moi, ma cousine, auriez-vous l'espérance
De me persuader?... Essayez; mais pourtant
J'ai vu.....

ÉMILIE.

Vous le croyez; et vous le direz tant,
Que vous ne pourrez plus vous l'ôter de la tête.
C'est vraiment singulier qu'un homme sage, honnête,
Homme d'esprit surtout, car vous l'êtes, cousin,
Semble à la vérité résister à dessein.

DARLIÈRE.

Vérité, dites-vous!... je ne dis pas de même;
Au contraire....

ÉMILIE.

Écoutez, mon cousin, on vous aime;
Ne vous appliquez pas à vous faire haïr;
Votre femme, à vos lois contrainte d'obéir,
Dans ses plus doux penchans se voit contrariée;
La Baronne, sa sœur, vous est sacrifiée...

DARLIÈRE.

Je n'ai point exigé...

ÉMILIE.

Non, pas expressément.
Mais la Baronne ici ne vient que rarement;
Par votre froid accueil vous l'en avez chassée.
Quant à moi, je sais bien quelle est votre pensée;
Vous ne la cachez point. Eh bien! je m'en irai,

Puisque vous le voulez ; mais quand je partirai,
Qu'ensuite on vous verra, toujours l'âme alarmée,
Tenir exactement votre porte fermée,
Vivre comme un hibou..... car vous en viendrez là...

DARLIÈRE.

Jamais.

ÉMILIE.

Vous y viendrez. On m'interrogera ;
Vainement je voudrai me taire ou vous défendre ;
La vérité finit toujours par se répandre.
Dans le monde on saura que chagrin, agité,
Vous avez fait d'un rêve une réalité ;
Jugez que de caquets courront sur votre compte.
Pauvre cousin !... pour vous, d'avance j'en ai honte ;...
Car sans se mettre à rire, on ne pourra jamais
Vous parler de manteau !... Songez-y.... Je m'en vais.

DARLIÈRE.

Demeurez.

ÉMILIE.

Non, je vais consoler votre femme ;
Vous l'avez affligée, et jusqu'au fond de l'âme.

DARLIÈRE.

Vous le croyez ?

ÉMILIE.

Vous-même ici l'avez pu voir ;
Et songez quelle fin ceci pourrait avoir !
Je vous donne en partant un conseil charitable.
La femme la plus sage et la plus respectable,
Qui se voit accuser sans de bonnes raisons,
S'offense d'être en butte à d'injustes soupçons,
S'irrite des chagrins que pour rien on lui cause,
Et se fait quereller enfin pour quelque chose.
Cela s'est vu, cousin ; et dans un pareil cas

De moi-même, tenez, je ne répondrais pas.
Adieu.

(Elle sort.)

SCENE XVI.

DARLIÈRE, seul.

Tout bien compté, que dois-je faire et dire?
Se tourmenter sans cesse, est-il un état pire?
Il vaudrait presque mieux, quoi qu'il fût arrivé,
Penser que je m'abuse et que je l'ai rêvé!...
Mais enfin de mes yeux j'en crois le témoignage.

SCENE XVII.

DARLIÈRE, GILLOT.

GILLOT.

Monsieur, voudriez-vous venir voir cet ouvrage
Que, pendant votre absence, on a fait au jardin?
C'est d'après votre plan.

DARLIÈRE.

Je le verrai demain.
Laisse-moi..... Non; reviens.

(A part.)

Questionnons ce drôle:
D'avance on a pris soin de lui dicter son rôle.
N'importe.

(A Gillot.)

Viens, écoute.

GILLOT, à part.

Eh! qu'a-t-il donc?

DARLIÈRE.

Gillot,
Vous ne m'avez pas dit la vérité tantôt?...

GILLOT.

Moi, monsieur!... de mentir Gillot est incapable.

DARLIÈRE.

En ce cas, d'un oubli sa mémoire est coupable.
Hier, ou ce matin... il est venu quelqu'un...
Monsieur de...

(Il paraît chercher le nom.)

GILLOT.

Quel monsieur? D'en recevoir aucun
Madame m'avait fait la défense formelle;
Et j'ai fermé ma porte en concierge fidèle.
Pas un homme n'a mis le pied dans la maison.
C'est très-sûr.

DARLIÈRE, à part.

Ma cousine aurait-elle raison?

(Haut à Gillot.)

Vous devez bien sentir qu'à cette circonstance
Je ne mets pas, Gillot, une grande importance.
Je ne fais point d'enquête...

GILLOT, à part.

Oh! non, c'est seulement
Qu'on s'informe de tout, de crainte d'accident.

DARLIÈRE.

On n'a point apporté de lettre à mon adresse?

GILLOT.

Non, aucune, monsieur.

DARLIÈRE.

Et pour votre maîtresse
N'en est-il point venu?...

GILLOT.

Pour madame?

DARLIÈRE.

Eh bien ! oui...

Parlez donc...

GILLOT.

Mais je pense... en effet... qu'aujourd'hui...

DARLIÈRE.

Fort bien. De quelle part?

GILLOT.

Ce n'est pas un mystère.

DARLIÈRE.

Du comte de Blanval?... je gage... Sois sincère...

GILLOT.

Mais je le suis toujours... Et d'ailleurs est-ce un mal
Qu'une lettre qui vient de monsieur de Blanval?

DARLIÈRE.

Qui dit cela?...

GILLOT.

Souvent il écrit à madame.

DARLIÈRE.

Souvent!...

GILLOT.

Mais oui...

DARLIÈRE.

C'est bon. — Allez dire à ma femme
Que je la prie ici de venir un moment.

GILLOT.

Je crois avoir agi très-régulièrement.

DARLIÈRE.

C'en est assez. Gillot, je défends qu'on bavarde.
Gardez ceci pour vous.

GILLOT.

Oui, monsieur, je le garde.

DARLIÈRE.

Faites ce que j'ai dit. Allez, dépêchez-vous.

GILLOT, à part.

Allons, décidément notre maître est jaloux.

(Il sort.)

SCENE XVIII.

DARLIÈRE, seule.

Mathilde avec Blanval est en correspondance;
Et sans m'en avoir fait la moindre confidence!...
Que dis-je, avec Blanval?... peut-être, que sait-on?
Est-ce avec son neveu.... Gillot est un fripon
Qui vient de me mentir.... Je l'ai vu sur sa mine...
Ah! quelque intrigue ici se trame à la sourdine...
Non... ma femme ne peut me tromper... Je crois bien
Être sûr.... Eh! mon Dieu!... Je ne suis sûr de rien.
Il faut de ce tourment qu'enfin je me délivre.

SCENE XIX.

MATHILDE, DARLIÈRE.

MATHILDE, en entrant, à part.

J'ai ma leçon bien faite; il s'agit de la suivre.
(A Darlière.)
Vous m'avez demandée, et j'accours aussitôt.

DARLIÈRE.

Je te suis obligé.

MATHILDE.

Vous avez vu Gillot?
Vous l'avez fait parler? Qu'a-t-il pu vous apprendre?

DARLIÈRE.

Quel est ce ton, Mathilde? et pourquoi donc le prendre?

MATHILDE.

Oui, j'ai tort; je dois être enchantée en effet
Qu'on aille interroger sur mon compte un valet.

DARLIÈRE.

Eh! non; vous vous trompez.

MATHILDE.

Ce qu'il a pu vous dire,
Vous l'auriez su de moi; j'allais vous en instruire :
Au comte de Blanval j'ai plusieurs fois écrit;
J'en ai reçu réponse.

DARLIÈRE.

Ah!.. sans me l'avoir dit?

MATHILDE.

J'ai craint à mes projets de vous trouver contraire;
Blanval, sur ma demande, a servi mon beau-frère;
On le fait colonel; je le sais d'aujourd'hui.

DARLIÈRE.

Tant mieux. J'en suis charmé pour ta sœur et pour lui.
C'est un brave homme, au fond.

MATHILDE.

S'il vous reste des doutes,
Les lettres de Blanval, tenez, lisez-les toutes.

(Elle va au secrétaire, en tire un paquet de lettres attachées ensemble, et les donne à son mari.)

Les voici. Prenez-les.

DARLIÈRE.

Je ne les lirai point.

(Il le prend, et le met dans sa poche.)

MATHILDE, souriant.

Oh! non, je le vois bien.

DARLIÈRE.

C'est assez sur ce point.
D'ailleurs je vois fort bien quelle ruse est la vôtre.
Vous avouez un fait pour en cacher un autre.
Ce conte du manteau...

MATHILDE.

Bon, vous y revenez?...

DARLIÈRE.

Sans doute, j'y reviens... Allons donc, convenez
Que c'est une défaite, une supercherie....

MATHILDE.

Vous croyez?...

DARLIÈRE, s'animant et se fâchant par degrés.

Répondez nettement, je vous prie;
Il est venu quelqu'un !..

MATHILDE, jouant l'embarras.

Quelqu'un?.. non... je ne sais....

DARLIÈRE.

Vous ne savez?... fort bien... Tenez, vous rougissez,
Et votre air d'embarras.....

MATHILDE.

Qu'en voulez-vous conclure?
Je dois rougir pour vous, qui me faites injure.

DARLIÈRE.

Enfin, n'est-il pas vrai que j'ai vu ce manteau?...
Vous ne répondez pas.

MATHILDE.

Seule, dans ce château,
Je souffre, pour vous plaire, une contrainte extrême!..
Je me prive de voir les personnes que j'aime!...
Voilà ma récompense; on me soupçonne, hélas!

DARLIÈRE.

Mais encore une fois, vous ne répondez pas.

MATHILDE.

Je ressens vivement, monsieur, vos injustices.

DARLIÈRE.

Je ne suis point injuste, et j'ai de sûrs indices.

MATHILDE.

Quels sont-ils, s'il vous plaît?

DARLIÈRE, à part.

Elle n'avouera rien.

(A Mathilde.)

Je ne vous presse plus de parler. C'est fort bien.
On a fait des travaux ici, dans mon absence;
Je vais les voir. Adieu.

(A part en sortant.)

Je t'y prendrai!

SCENE XX.

MATHILDE, seule.

Je pense
Que dans ce beau jeu-là ma cousine, vraiment,
Pourrait bien avoir tort; je crains l'événement.
Oui, Darlière en effet aura droit de se plaindre,
Et je m'entends si mal à déguiser, à feindre.....
Si tout ceci tournait contre nous!...

SCENE XXI.

ÉMILIE, MATHILDE.

ÉMILIE.

Tout va bien.

MATHILDE.

Ma chère, tu me vois tremblante!

ÉMILIE.

Ne crains rien.

Sais-tu bien ce que fait à cette heure Darlière?

MATHILDE.

Il vient de me quitter, cachant mal sa colère;
Il va voir au jardin des travaux.

ÉMILIE.

Point du tout.

Du courage; soutiens ton rôle jusqu'au bout.
Il ne me voyait pas, et je viens de l'entendre
Gronder entre ses dents : Oui, je veux la surprendre.
Je le tiens.... j'en réponds... Il se cache ici près;
Il rôde autour de nous... Dans son terrible accès,
Comme un autre Orosmane, il guette une infidèle.

(Elle va au cabinet où la Baronne est cachée.)

Baronne, à votre tour. Venez.

SCENE XXII.

ÉMILIE, MATHILDE, LA BARONNE, le chapeau enfoncé sur les yeux, et s'enveloppant du manteau.

LA BARONNE, à Mathilde.

Ma toute belle,

Il faut nous séparer; c'est à mon grand regret.

MATHILDE.

Partez; on peut vous voir; fuyez vite en secret.

(Darlière paraît au fond de la scène.)

ÉMILIE, bas aux deux autres femmes.

Voici notre jaloux.

LA BARONNE.

O mon aimable amie !
Que ne puis-je avec vous passer toute la vie !
(Elle lui baise la main.)

SCÈNE XXIII ET DERNIERE.

LES MÊMES, DARLIÈRE, accourant furieux.

DARLIÈRE.

C'en est trop !

MATHILDE.

Ciel !

ÉMILIE.

Hélas !

DARLIÈRE.

Je vois... Je vous surprends...
(Se tournant vers la Baronne.)
Et ce manteau maudit !

ÉMILIE, avec un chagrin affecté.

Ah ! Dieu ! Quel contre-temps!

DARLIÈRE, à la Baronne.

Que faites-vous ici, vous, dont l'aspect m'offense?

ÉMILIE.

Darlière !...

MATHILDE.

Mon ami !

DARLIÈRE.

Redoutez ma vengeance.

MATHILDE.

Faut-il sur l'apparence ainsi nous condamner ?

DARLIÈRE.

Sur l'apparence ?...

ÉMILIE.

Il est si beau de pardonner !...

DARLIÈRE.

On ne pardonne point un si cruel outrage.

ÉMILIE, à la Baronne.

Fuyez donc, imprudent !

LA BARONNE.

Moi? J'aime le tapage.

DARLIÈRE, saisissant la Baronne.

Tu me feras raison; viens... tu vas expier...

LA BARONNE.

J'accepte, et je me bats comme un preux chevalier.

(Elle rejette son chapeau et son manteau.)

DARLIÈRE, la reconnaissant.

La Baronne !.. Ah !... morbleu !..

(Les trois femmes éclatent de rire.)

ÉMILIE.

Je suis la plus coupable !

LA BARONNE.

J'ai tantôt évité votre aspect redoutable;
Mais ici j'ai laissé mon manteau par oubli...

DARLIÈRE.

Voilà mon rêve !... Allons... le tour est fort joli !...

ÉMILIE.

Oui; cette invention est un trait de génie,
Et c'est de mon cerveau, cousin, qu'elle est partie.

DARLIÈRE.

Ne triomphez pas tant; car je n'en ai rien cru.

ÉMILIE.

Ah! rien !...

DARLIÈRE.

Je conviendrai qu'il s'en est peu fallu.
Le meilleur est d'en rire !

ÉMILIE.

Il prend fort bien la chose!

DARLIÈRE.

Gardez-m'en toutes trois le secret, et pour cause...
Si cela se savait, on en ferait bientôt
Mille contes malins.

ÉMILIE.

Soit, nous ne dirons mot.

DARLIÈRE.

Allons dîner gaîment.

LA BARONNE.

Fort bien, mon cher beau-frère.
Le duel, verre en main.

DARLIÈRE, à Mathilde.

Pardonne-moi, ma chère,
De t'avoir soupçonnée un seul instant.

(A Émilie.)

Et vous,
Ma cousine, restez bien long-temps avec nous ;
C'est moi qui vous en prie.

ÉMILIE.

Allons, la paix est faite.

DARLIÈRE.

Désormais je renonce aux projets de retraite.

MATHILDE, avec joie.

Ah ! mon ami !

DARLIÈRE.

Jamais de contrariété.
Ma devise sera : *plaisir et liberté.*

La leçon me profite, et grave dans mon âme,
Qu'il faut, pour être heureux, se fier à sa femme.

ÉMILIE.

Il se croit guéri !... Mais, au moindre accès nouveau,
Cousin, je vous ferai souvenir du MANTEAU.

www.ingramcontent.com/pod-product-compliance
Lightning Source LLC
LaVergne TN
LVHW010823150926
848035LV00047BA/1198